¡SOLO HAY UNO COMO TÚ!

ONLY YOU CAN BE YOU!

Lo que te hace diferente te hace GENIAL

What Makes You Different Makes You Great

Nathan y Sally CLARKSON

Nathan and Sally CLARKSON

Ilustraciones de Tim WARNES

Illustrated by Tim WARNES

Grupo Nelson

Una división de Thomas Nelson Publishers

Desde 1798

NASHVILLE   MÉXICO DF.   RÍO DE JANEIRO

Solo hay uno como tú

© 2020 por Grupo Nelson®
Publicado en Nashville, Tennessee, Estados Unidos de América.
Grupo Nelson es una marca registrada de Thomas Nelson.
www.gruponelson.com

Título en inglés: Only you can be You

© 2019 by Sally Clarkson y Nathan Clarkson
Published in Nashville, Tennessee, by Tommy Nelson. Tommy Nelson is an imprint of
Thomas Nelson. Thomas Nelson is a registered trademark of HarperCollins Christian
Publishing, Inc.

Escrito por Sally Clarkson y Nathan Clarkson
Ilustraciones por Tim Warnes
Text © 2019 by Sally Clarkson and Nathan Clarkson
Illustrations © 2019 by Tim Warnes. Visit Tim Warnes at ChapmanandWarnes.com.

Patrón del gráfico de tapa por Janine Vangool, revista UPPERCASE.
Front cover banner pattern by Janine Vangool, UPPERCASE
magazine.

Editora en Jefe: Graciela Lelli
Traducción y Adaptación del diseño al español: Gabriela
De Francesco

ISBN: 978-1-40021-875-2

Impreso en China
20 21 22 23 24 LSC 8 7 6 5 4 3 2 1

Mfr: DSC/Shenzhen, China / October 2019/
PO #9549950

Para el maravilloso Nathan, quien me enseñó a inclinarme a la aventura de la vida, a valorar las diferencias como parte de un hermoso diseño, y a amar bien cada día

To wonderful Nathan, who taught me to lean into the adventure of life, to value differences as beautiful by design, and to love well every day

—Sally

Para mi mamá, la primera que me mostró lo hermoso que es ser la persona completamente especial, única y diferente que Dios diseñó

To my mom, who was the first to show me how beautiful it is to be the completely special, unique, and different person God designed me to be

—Nathan

Para Heidi (¡pequeñita y sonriente!)

For Heidi (small and smiley!)

—Tim

Todos somos diferentes, y eso es lo mejor.

Everyone's different, and that's okay.

Así quiso hacernos el buen Creador.

The Maker of everything made us that way.

Tal vez estás lleno de vida y eres

muy RUIDOSO,

Maybe you're LOUD and

are bursting with life,

O eres un poco tímido y

más bien silencioso.

Or maybe you're quiet

and seem kind of shy.

Tal vez eres **alto**

y hasta puedes tocar el cielo,

Maybe you're **tall**

and can almost touch clouds,

O eres bajito, y vas muy rápido por el suelo.

Or maybe you're short and can dart through the crowds.

Tal vez eres **juguetón**, artístico y te gusta soñar,

Maybe you're **playful**, artistic, and free,

O eres más **organizado**,

prolijo y prefieres ordenar.

Or maybe you're **organized**,

tidy, and clean.

Tal vez te gusta **jugar con amigos** en toda ocasión,

Maybe you love to **play tag** with your friends,

O prefieres **crear** tu mundo

donde vuela la imaginación.

Or maybe you **create**

your own world of pretend.

Tal vez eres VALIENTE.

¡Te sientes muy fuerte!

Maybe you're BRAVE.

You're the king of the hill!

O puedes quedarte muy quieto,

y te gusta esconder.

Or maybe you hid

and can be very still.

Tal vez eres **FUERTE**, y tus
músculos te gusta mostrar,
O eres *tierno* y no te da
vergüenza llorar.

Maybe you're **TOUGH** with
big muscles and might,
Or maybe you're *tender*
and let yourself cry.

Tal vez cuelgas sábanas de los árboles
y **CONSTRUYES** fuertes,

Maybe you **BUILD** forts with sheets
hung on trees,

O sueñas con las historias
que lees y así te diviertes.

Or maybe you dream
of the stories you read.

Tal vez con ladrillitos **construyes** torres infinitas,

O te gusta **inventar** algo ingenioso para todas las visitas.

Maybe with blocks you **build** towers so tall,

Or maybe you **make** clever gadgets for all.

Tal vez eres **gracioso** y
te encanta hacer reír,

Maybe you're **funny** and
tell silly jokes,

O estás lleno de esperanza,
y tus sueños quieres compartir.

Or maybe you're wishful
and share all your hopes.

Tal vez eres RÁPIDO y todas
las carreras puedes ganar,

Maybe you're FAST
and can win every race,

O eres más medido, y en vez
de correr, te gusta caminar.

Or maybe you're measured
and keep a set pace.

Tal vez eres muy **hábil**, y todo lo que se rompe sabes arreglar.

Maybe you're **handy**— with tools you're a pro!

O te gusta **plantar semillas**, y tu jardín te encanta mirar.

Or maybe you **plant seeds** to help gardens grow.

Puedes ser más rubio,
o más bien **trigueño**.

Maybe you're **dark**,
or maybe you're light.

Puedes ser **GRANDE**

o un poco más pequeño.

Maybe you're **BIG**, or

maybe you're slight.

Cada persona es única e irrepetible.
¡Solo hay uno como tú!

Each person's unique.
Only you can be you!

Eres perfectamente diferente... igualarte es imposible.

You're perfectly different... no other will do.

Todos somos diferentes,

y eso es lo mejor.

Así quiso hacernos

el buen Creador.

Everyone's different, and

that's okay.

The **Maker of everything**

made us that way.